Dedicado a Mikey, Kobe y Jojo. Para hacer una diferencia en la vida de alguien, todo lo que tienes que hacer es ser cariñoso.

Copyright © Grow Grit Press LLC. Todos los derechos reservados. Ninguna parte de este libro puede ser reproducida en ninguna forma sin el permiso por escrito de la editorial. Por favor, envíe solicitudes de pedido al por mayor a growgritpress@gmail.com 978-1-63731-346-6 Impreso y encuadernado en los Estados Unidos. NinjaLifeHacks.tv

Ninja Life Hacks™

El Ninja Cariñoso

Por Mary Nhin

La gente siempre parecía molesta a mi alrededor.

Otro día, la Ninja Emocionalmente Inteligente llevaba un montón de libros y entró por la puerta, golpeándose el ojo.

Después mi mamá llevaba cuatro bolsas pesadas de compra y una de ellas se derramó por todo el suelo.

Le conté al Ninja Paciente todo sobre mi semana difícil.

Sentí que mis ojos se llenaban de lágrimas.

Después de leer un libro esa semana, lo volví a su lugar cuando lo terminé. Mi hermano se sorprendió.

Cuando mamá fue de compras, fui con ella y marqué los artículos de la lista. Luego, ayudé a guardar la compra. También, hice tiempo para ayudar a mi mamá a organizar la cocina.

Mi amigo y yo estábamos jugando a saltar, y había un gran charco de lodo.

¡Cuidado con el lodo!

¡Me encanta cómo me hace sentir cuando cuido de los demás! Nadie se enojó conmigo. ¡Y me sentí bien!

¡Recuerda que el cuidar de los demás podría ser tu arma secreta para sentirte increíble por dentro!

¡Visita ninjalifehacks.tv para obtener imprimibles divertidos gratis!

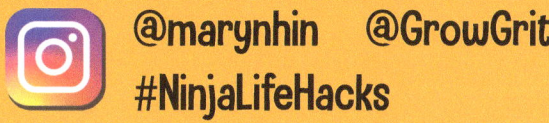 @marynhin   @GrowGrit
#NinjaLifeHacks

 Mary Nhin   Ninja Life Hacks

 Ninja Life Hacks

 @ninjalifehacks.tv

www.ingramcontent.com/pod-product-compliance
Lightning Source LLC
Chambersburg PA
CBHW041522070526
44585CB00002B/50